CAHIER D'EXERCICES POUR

Papa débutant

Lionel Paillès

Illustré par Nathalie Jomard

FIRST Editions

À Elia et Yaël, mes plus beaux souvenirs
À Cécile, qui m'a tout montré de la paternité

ISBN 978-2-7540-8292-1
Dépôt légal : janvier 2016
Imprimé en France par Pollina - L74376
Édition : Audrey Bernard
Mise en page intérieur et couverture : Hokus Pokus Créations
Illustrations de couverture et intérieur : Nathalie Jomard
Photo page 5 : ©istockphoto

Éditions First
12, avenue d'Italie
75013 Paris - France
Tél. : 01 44 16 09 00
Fax : 01 44 16 09 01
e-mail : firstinfo@efirst.com
www.editionsfirst.fr

NOM DU FUTUR **PAPA** : ....

NOM DE LA FUTURE **MAMAN** : ....

ARRIVÉE DU **BÉBÉ** (PRÉVUE) LE : ....

Un petit mot...

Ce cahier d'exercices a été conçu rien que pour toi, futur (ou tout nouveau) papa !

(tu permets que je te dise « tu » ?)

Ami complice de ces neuf mois de grossesse et des premiers jours de la naissance, ce cahier se change en support de souvenirs et d'émotions.

Tu y trouveras des pages blanches, des dessins, des quiz, des grilles, des mots fléchés, des exercices pour s'exercer à devenir un bon père, pour se détendre, se déstresser.

Plus qu'un journal intime, tu tiens dans les mains un véritable guide qui t'aidera, semaine après semaine, à relater tous les détails importants de cette période extraordinaire : pensées, doutes, envies, joies...

Bonne détente et bonne route !

Lionel Paillès

Photo call

Légendez patiemment cette image de l'échographie dite « de morphologie ».

Ce que la 2e échographie doit détecter

Au 5e mois de grossesse, l'échographiste contrôle (en silence = besoin de grande concentration) la croissance du fœtus grâce à différentes mesures (diamètre de la tête et de l'abdomen, longueur du fémur, périmètre abdominal, etc.), mais aussi ses mouvements spontanés, sa déglutition et la position du placenta dans l'utérus.

Et finalement, on voit quoi sur la photo ?

Sur l'écran, les liquides sont noirs, les os blancs et les organes plus ou moins gris selon leur densité de tissu. Même si on ne le voit plus en entier sur l'image (il est déjà « grand » ce petit), on distingue clairement son cœur en train de battre, son visage, ses bras, ses petites mains bien formées, ses jambes, sa colonne vertébrale. Le sexe du bébé est apparent, sauf bien sûr s'il refuse de le montrer !

Où sont les pieds ?
Le nez ?
Le menton ?
Fille ou garçon ?

Là, pas de doute (encore que...), c'est la tête !

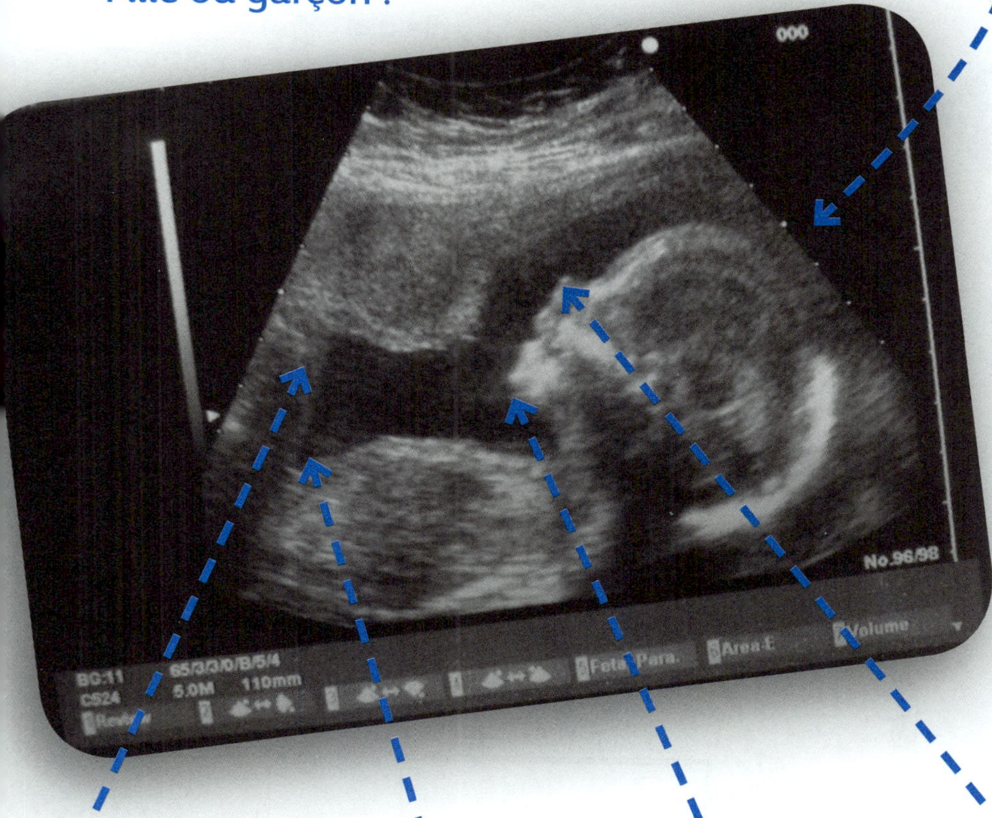

Bande annonce

Quand vous patientez dans la salle d'attente du gynéco de madame, coloriez (en utilisant 4 couleurs minimum) cette scène qui pourrait bien vous inspirer.

Voici 5 façons originales d'annoncer la naissance de votre bébé au monde entier, choisissez votre préférée :

1 **Le chou à la rose :** faites confectionner par votre fleuriste un gros chou vert piqué de roses ; vous l'utilisez comme déco de table. Vos amis mettront un peu de temps à réaliser la symbolique du chou, des roses...

2 **La lettre du locataire.** Racontez à votre famille que vous venez de recevoir une lettre bizarre d'un voisin et lisez-leur. Rédigez une lettre avec ces éléments : « je viens d'aménager dans un petit appartement cosy... ma propriétaire, une femme adorable, m'a annoncé mon expulsion d'ici quelques mois... C'est vrai que je ne paie aucun loyer... Je ne peux pas vous promettre de ne pas faire de bruit, de ne pas gâcher vos nuits... Mais j'aimerais vous demander une faveur : vous appeler PAPA ».

3 **Un beau cadeau :** si vous annoncez la nouvelle à Noël, attendez que tout le monde ouvre les cadeaux et lancez (avec un petit sourire) « on a encore un cadeau, mais on ne peut pas le déballer tout de suite », et attendez la réaction.

4 **Un bon café :** offrez une belle boîte de café de la marque « Grand-mère » à votre maman ou belle-mère (ou les deux) – simple mais efficace !

5 **Plein cadre :** choisissez, dans un magazine féminin, la photo d'un couple tenant un bébé dans ses bras ; remplacez leur visage par les vôtres et encadrez le montage. Imprimez le montage, glissez-le dans un très grand cadre et posez-le chez vous bien en évidence. Invitez à dîner chez vous, et patientez jusqu'à ce que le cadre soit découvert, ce qui suscitera immédiatement des questions !

Drôles d'envies !

Elle a envie de fraises ou d'une quiche lorraine là, maintenant, tout de suite ?

Une vraie princesse

Attendre un bébé, ça signifie renoncer à terme à ne s'occuper que de soi-même. Les envies immédiates seraient parfois une façon pour la future maman d'être encore traitée par son compagnon comme une princesse (bientôt l'attention sera focalisée sur le bébé), de se faire dorloter et de redevenir une dernière fois la petite fille gâtée qu'elle a été.

Alimentaire, mon cher Watson !

Respecter ses envies, c'est une chose. Mais il faut savoir débusquer les aliments proscrits, quelle que soit l'envie exprimée : certains produits de la mer, le lait cru (non pasteurisé), la charcuterie non emballée sous vide (on évite les pâtés), les fruits et légumes non lavés, les fromages à pâte molle, la viande saignante, rosée ou crue (risque de toxoplasmose) et les œufs crus évidemment. Enfin, nettoyez et désinfectez les surfaces de travail qui ont été en contact avec des aliments crus.

Ces pulsions alimentaires correspondraient à des besoins nutritionnels à satisfaire. Elles pourraient aussi être l'expression de besoins physiologiques du bébé. Sans que ces théories soient scientifiquement prouvées, vous pouvez vous entraîner à les décoder : reliez les aliments aux carences supposées.

CARENCES POSSIBLES	ALIMENTS
Calcium •	• Une subite envie de foie de veau (elle n'en mange jamais)...
Vitamines •	• « T'as pas du chocolat ? »
Magnésium •	• Un flash sur le camembert à 1 h 00 du matin...
Câlins •	• De la viande rouge tout de suite !
Protéines •	• « Et mes fraises alors ? »
Une hypoglycémie latente •	• Une furieuse envie de quiche lorraine...
Fer •	• Un éclair au chocolat
	• Un besoin de madeleine au milieu de la nuit (un dimanche) quand tout est fermé...

Mots croisés

Retrouvez les 9 mots de l'accouchement qui vous font blêmir de peur rien que d'y penser.

Trouver sa place en se rendant utile

Dans l'action, la tension retombe parfois. Alors voilà comment agir utilement pendant l'accouchement :

- Répondez à toutes les demandes de votre compagne et intercédez pour elle auprès de l'équipe.
- Rafraîchissez-lui le front, les tempes, la nuque avec un linge humide.
- Aidez-la à récupérer entre deux contractions en lui massant le dos, les épaules.
- Votre main dans la sienne suffit à lui montrer que vous êtes là.

À L'HORIZONTALE :

1- Il relie la maman au bébé (ou peut-être est-ce l'inverse ?).

2- De fille en aiguilles.

3- Quand on y va un peu fort.

4- Une position bien peu orthodoxe.

5- Un peu collantes !

À LA VERTICALE :

A- Lorsqu'il sort, c'est une délivrance.

B- À ne pas confondre avec l'écran plasma. On n'a aucune chance d'y voir PSG-Marseille.

C- On les préfère sur les pentes enneigées plutôt que dans la salle de travail.

D- Lien de parenté.

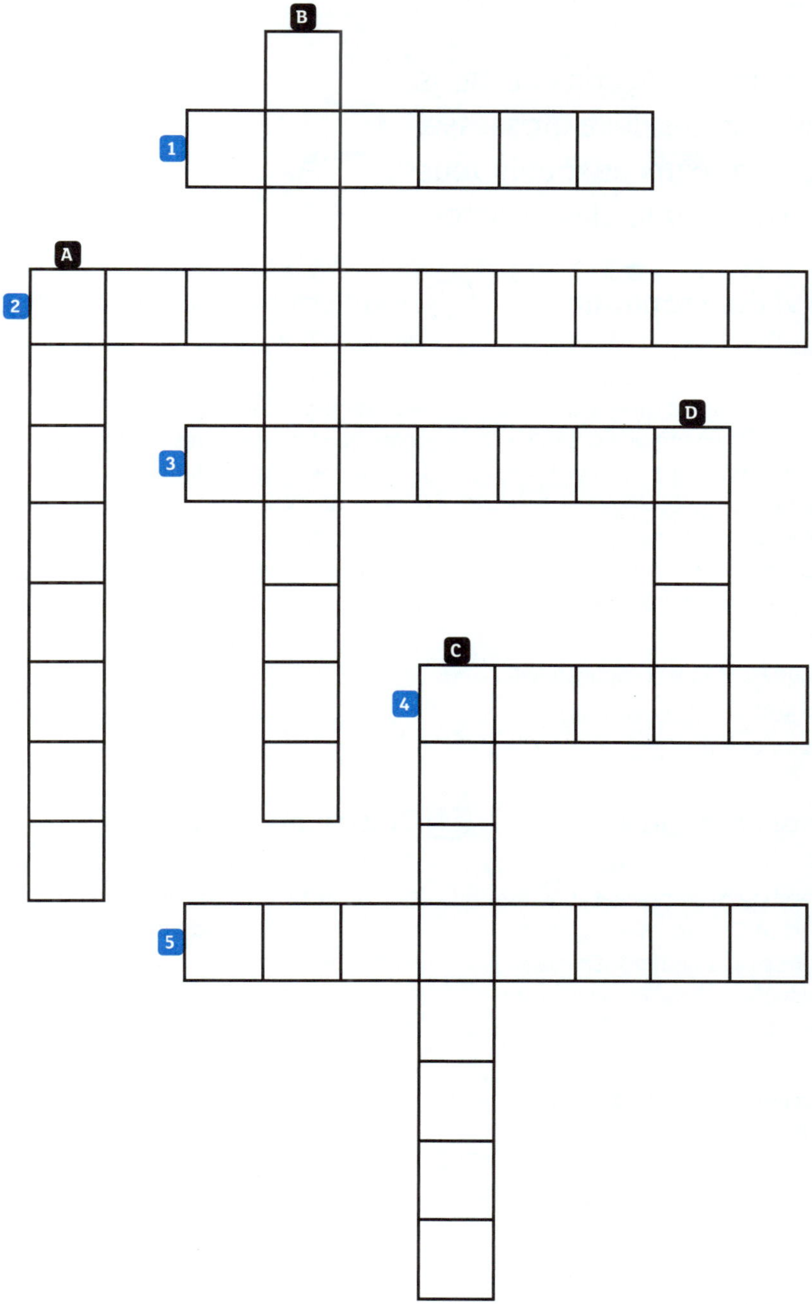
B
1
A
2
D
3
C
4
5

Examens

Voici les examens et consultations importantes de la grossesse. Cochez ceux auxquels vous voudriez le plus assister :

Première visite prénatale

Premier rendez-vous pour la future maman, qui se voit remettre un guide de surveillance médicale, un certificat médical pour l'employeur (si son métier est pénible) et un rendez-vous pour la 1re échographie. Examen général et gynécologique. Prise de sang pour vérifier le groupe sanguin de la future maman et ses immunités (est-elle immunisée contre la toxoplasmose, la rubéole...)

Où ? Chez le gynécologue ou le généraliste.

À REPORTER SUR LE CALENDRIER :

- **fin du 2e mois**

Deuxième visite prénatale

Vérification du poids, de la tension artérielle, mesure de l'utérus, toucher vaginal, auscultation cardiaque fœtale. Elle dure (comme les suivantes d'ailleurs) moins longtemps que la première, elle est l'occasion de faire un bilan de l'état général (Contractions utérines ? Pertes de sang ? Le bébé a-t-il commencé à bouger ?).

Où ? Chez le gynécologue ou le généraliste.

À REPORTER SUR LE CALENDRIER :

- **4e mois de grossesse**

Première échographie

L'échographe (ou la sage-femme) compte le nombre d'embryons et précise, à quatre jours près, grâce à une mesure crânio-caudale (tête-fesses), le terme théorique de la grossesse, donc la date de l'accouchement. On entend pour la première fois le cœur du bébé.

Où ? Dans un centre d'échographie ou au cabinet de la sage-femme libérale.

À REPORTER SUR LE CALENDRIER :

- **2e mois et demi de grossesse**

Deuxième échographie

Elle dure plus longtemps que la première, car on analyse scrupuleusement la morphologie du bébé, sa vitalité, les organes sont scrutés un à un. On découvre le sexe de l'enfant si on le souhaite (à préciser avant le début de l'examen).

Où ? Dans un centre d'échographie ou au cabinet de la sage-femme libérale.

À REPORTER SUR LE CALENDRIER :

- **5e mois de grossesse**

de passage

Préparation à la naissance

Huit séances sont prises en charge par la Sécurité sociale. Le papa est convié à la séance consacrée au jour J, mais il peut assister à toutes les séances s'il le souhaite. On y apprend les différentes phases de l'accouchement et les méthodes pour calmer les contractions.

Où ? À la maternité ou dans le cabinet de la sage-femme.

À REPORTER SUR LE CALENDRIER :

- **7e mois de grossesse**

Troisième échographie

Dernier rendez-vous « virtuel » avec la grande rencontre. Le bébé est trop gros pour qu'on le voie dans son intégralité. L'échographe se concentre sur le crâne et les fémurs, vérifie que le bébé respire bien, s'assure du volume de liquide amniotique et note le type de présentation (siège ou non) pour décider s'il faudra pratiquer une césarienne (pas de panique cependant, il lui reste quelques semaines pour se retourner définitivement).

Où ? Dans un centre d'échographie ou au cabinet de la sage-femme libérale.

À REPORTER SUR LE CALENDRIER :

- **7e mois de grossesse**

Consultation avec l'anesthésiste

Très importante pour bien préparer l'accouchement. L'anesthésiste fait le tour du dossier médical de la future maman, prend sa tension, écoute son cœur, vérifie son bilan sanguin. Il examine son dos pour voir s'il peut facilement poser la péridurale. Batterie de questions : est-elle allergique ? Asthmatique ? A-t-elle déjà été anesthésiée ?

Où ? À la maternité.

À REPORTER SUR LE CALENDRIER :

- **8e mois de grossesse**

Groupe de paroles pour les jeunes pères

Avant le grand jour, on peut avoir besoin de se rassurer sur ses peurs, ses angoisses, ses inquiétudes. Beaucoup de maternités proposent des groupes de paroles de futurs papas animés par un obstétricien ou un homme sage-femme.

Où ? À la maternité ou dans le cabinet d'un homme sage-femme.

À REPORTER SUR LE CALENDRIER :

- **9e mois de grossesse**

Le grand quiz de

Êtes-vous prêt à briller dans la salle de travail de la maternité

Répondez à ces questions pour le savoir.

1 Le cordon ombilical mesure en moyenne :

- ☐ a) 20 cm
- ☐ b) 50 cm
- ☐ c) 1,10 m

2 Qui (hormis la sage-femme évidemment) peut-on trouver dans la salle de travail d'un CHU ?

- ☐ a) Un étudiant
- ☐ b) Un chirurgien
- ☐ c) Deux sages-femmes

3 L'accouchement peut enfin avoir lieu quand le col de l'utérus est ouvert de :

- ☐ a) 5 cm
- ☐ b) 10 cm
- ☐ c) 15 cm

4 L'ocytocine, c'est :

- ☐ a) L'hormone qui déclenche les contractions
- ☐ b) Un calmant qu'on utilise pour le papa stressé
- ☐ c) Le prénom de la 2e fille de Brad Pitt et Angelina Jolie

5 Le score d'Apgar permet :

- ☐ a) De noter le bébé sur 5 critères physiques
- ☐ b) D'apprécier l'état du bébé à partir de 5 critères
- ☐ c) D'évaluer le comportement de la sage-femme pendant l'accouchement à partir de 3 paramètres

6 On mouche le bébé avec une sonde à sa naissance :

- ☐ a) Parce qu'il s'est enrhumé dans la salle de travail maintenue à basse température
- ☐ b) Parce qu'il ne sait pas se moucher seul l'empoté
- ☐ c) Parce qu'il vivait sous l'eau et que son nez, ses bronches et son tube digestif sont remplis de liquide amniotique.

RÉSULTATS

6 bonnes réponses : vous êtes fin prêt pour le grand jour !

Entre 3 et 5 bonnes réponses : ça devrait aller, l'équipe est là pour vous accompagner.

Moins de 3 bonnes réponses : vous n'auriez pas séché les cours de préparation à l'accouchement ?

l'accouchement

Pense (pas) bête

Cinq phrases à apprendre par cœur et à distiller jour après jour pour montrer à votre compagne que vous êtes concerné, sur le coup, et très au fait de la littérature spécialisée :

« Ce qu'on appelle cri du bébé, c'est la première inspiration, le son n'est pas très intense. Le bébé développe ses poumons, c'est une bonne chose. Sur les registres d'état civil autrefois, on écrivait "criant de suite" ».

« Petite poire, l'utérus prend
au cours de la grossesse
la forme d'une mandarine,
puis d'une orange (à 2 mois),
d'un pamplemousse (à 3 mois),
avant de devenir cylindrique
et enfin ovoïde ».

« Le bébé entend les sons de l'extérieur à partir du 6e mois de grossesse. Il distingue la voix de son papa et de sa maman de celles des autres si on lui parle. C'est utile pour le rassurer à sa naissance. Quand on s'adresse à lui, mieux vaut poser sa main sur le ventre, une façon de lui dire : "je m'adresse à toi" ».

« Non seulement le liquide amniotique permet au bébé de bouger facilement, mais il amortit les chocs, permet la captation des différents goûts et sons, et assure l'hydratation du bébé ».

« Frédéric Leboyer, un gynéco humaniste, a chassé des salles de travail les lumières aveuglantes pour le bébé, les gestes trop médicaux qui tuent l'émotion, le stéthoscope froid... C'est grâce à lui si l'on parle moins fort dans les salles d'accouchement ».

Top départ

Classez par ordre d'importance (de 1 à 9) les signes qui prouvent, selon vous, que là, c'est pas pour dire, mais il va falloir songer à décoller et à partir à la maternité :

- ◯ Votre compagne a mal.
- ◯ Elle nettoie les carreaux de la cuisine avec frénésie.
- ◯ Elle vient de perdre les eaux.
- ◯ Les contractions se succèdent toutes les 20 minutes.
- ◯ Les contractions sont très régulières.
- ◯ Les contractions se succèdent toutes les 10 minutes.
- ◯ Elle a perdu le bouchon muqueux.
- ◯ Les mouvements du bébé ont diminué (plus de coups de pieds).
- ◯ Elle ressent un besoin urgent de pousser, comme une très forte envie d'aller aux toilettes.

Chronométrez ses contractions

Une montre au poignet, un bloc et un crayon, tenez-vous prêt : quand votre compagne ressent les premiers élancements ou les premières contractions, notez l'heure. Vérifiez si elles se succèdent toutes les 20, 15, 13 minutes… Mais la fréquence n'est pas le seul critère ! Si les contractions sont régulières (ça fait deux heures que ça dure), rapprochées (toutes les 5 minutes), longues (entre 30 et 70 secondes) et intenses (ça l'empêche de s'adonner à toute autre activité !), il est temps de partir.

La formule magique à garder en tête : régularité + intensité = maternité.

On fait quoi en attendant ?

L'attente peut être un peu stressante ou au contraire une belle parenthèse enchantée. Tout dépend de vous :

- Prenez un bon bain chaud tous les deux (ça aide le travail, ça rend les contractions moins douloureuses, et ça vous détendra, vous, le papa).
- Regardez un bon film : plutôt *Sur la Route de Madison* que *Amazing Spiderman*.
- Écoutez de la musique : classique, jazz, ce qu'on veut mais cool.

Les mots pour le dire

Le bébé sera bientôt là, je suis sûr qu'il est magnifique.

Retrouvez, parmi ces propositions, les phrases positives à prononcer pendant les contractions, et rayez les autres.

Tu fais ça très bien !

Tu imagines, pour ma collègue à la compta, ça a duré trente heures... C'est dingue, non ?

J'espère que notre enfant te ressemblera.

Je t'aime.
Je sais ce que tu ressens.
Aïe ! C'est mon bras là que tu viens de lacérer !
Essaye de te détendre, ça ne fait que commencer...
Vas-y, YES, encore, tu y es, YES, COME ON, COME ON
Ça va ma chérie, tu tiens le coup, ça va aller ?

Sweet things

Collez ici les précieux souvenirs de sa naissance :

La photo de la sage-femme

La photo de sa main
(celle du bébé !) dans la vôtre

Le ticket de parking pour stationner
devant la maternité

Son bracelet de naissance

Le bulletin météo du jour de la naissance de votre enfant (découpé dans le journal)

La photo de son premier doudou

La fiche d'identité glissée sur le berceau

Frousse liste

Rangez ces angoisses de papa sur notre « trouillomètre », de la plus tolérable à la plus forte (celle qui vous empêche carrément de dormir) :

1 - Serai-je capable de protéger ma famille et de subvenir à ses besoins ?

2 - J'ai peur de tomber dans les pommes pendant l'accouchement.

3 - Le bébé va-t-il s'étrangler avec le cordon ?

4 - N'y a-t-il pas de risque d'intervertir les bébés à la maternité ?

5 - Suis-je vraiment le père de cet enfant ?

6 - J'ai peur de mourir à présent que cet enfant est là.

7 - J'ai peur qu'elle aime le bébé plus que moi.

8 - Vais-je la retrouver comme avant... exactement comme avant ?

9 - Notre sexualité redeviendra-t-elle normale un jour ?

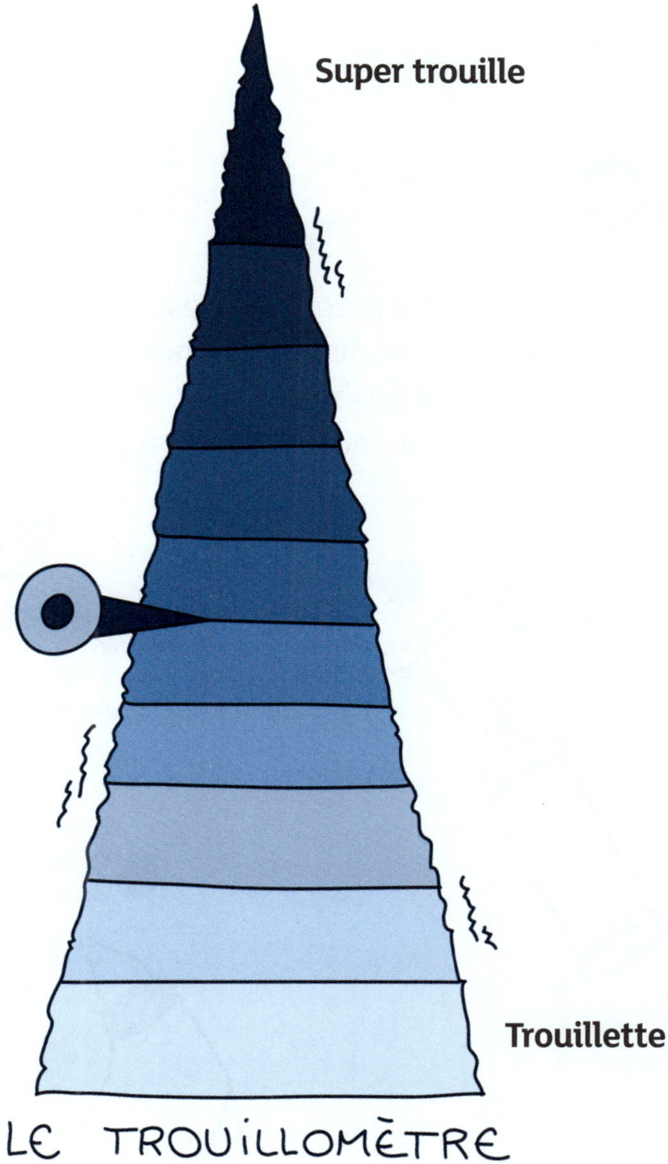
Super trouille
Trouillette
LE TROUILLOMÈTRE

Objets non identifiés

La paternité, c'est aussi ça :
vous entrez dans un monde parallèle fait d'objets mystérieux et bizarres. Saurez-vous reconnaître ceux-ci ?

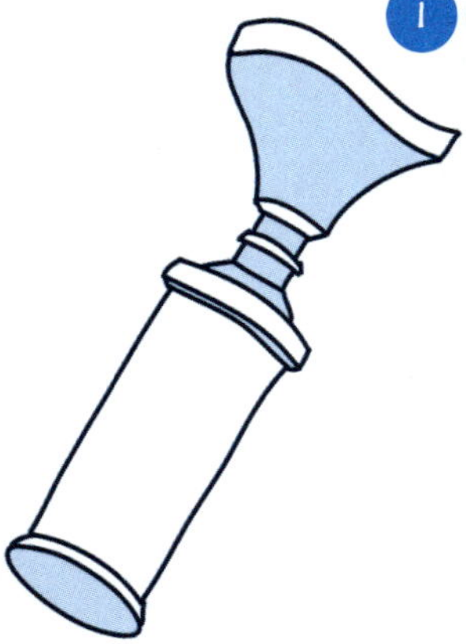

1 Qu'est-ce ?
a) Un couloir pour gerbilles (ou pour hamster)
b) Une chambre d'inhalation
c) Une Vuvuzela bulgare

2 Ça ressemble comme deux gouttes d'eau à :
a) Une cornemuse miniature
b) Un mouche-bébé
c) Un accordeur de sommeil

3 **Ça pourrait ressembler à :**

a) Un enregistreur de babillage
b) Une poire pour nettoyer les oreilles de bébé
c) Un tire-lait

4 **Pas de doute, c'est :**

a) Un plumeau à berceau
b) Un caresse-bébé
c) Un goupillon pour biberon

5 **On dirait bien :**

a) Une boîte à « areuh »
b) Un mouche-bébé
c) un biberon à médicament

6 **Sans aucun doute, c'est :**

a) Une flûte enchantée pour endormir bébé
b) Un pèse-bébé de voyage
c) Un thermomètre auriculaire

La nounou et nous

Pourquoi voulez-vous particulièrement ce travail ?

Si elle vous répond qu'elle n'a pas eu d'enfants et que c'est un moyen pour elle de se « rattraper », mettez fin à l'entretien.
Si elle a l'air de ne pas comprendre la somme de travail que représente la garde d'un enfant, ou si elle ne parle que d'argent sans évoquer son amour des enfants, c'est pareil : cherchez quelqu'un d'autre.

Quelles sont vos préférences alimentaires ?

Comme la nourrice se chargera de préparer les repas de midi, mieux vaut vérifier qu'elle dispose de notions de diététique sérieuses et qu'elle diversifie suffisamment les menus de la semaine. Demandez-lui quelles marques qu'elle utilise, et également quel usage elle fait du sel.

Mon enfant refuse de vous obéir, que faites-vous ?

Cette question sert à tester son sens de la sécurité et de déceler éventuellement une nourrice un peu violente ou qui punit sans expliquer. Il est important que la réponse soit adaptée, ni trop laxiste, ni trop autoritaire.

Le bébé ne s'arrête pas de pleurer, quelle est votre réaction ?

Voyez si elle pense à regarder la couche, à lui donner son biberon, à le prendre dans ses bras. Si elle vous dit que, peut-être parce que vous êtes un homme et que vous pouvez entendre ça, c'est bon pour lui de pleurer, cherchez une autre candidate.

Confier un bébé à une inconnue,
c'est une étape vers l'inconnu.
Pour éviter les angoisses et les erreurs de casting, voici quelques questions « pièges » à poser aux candidates :

Le bébé tombe de sa chaise, que faites-vous ?

Essayez d'évaluer si elle risque de paniquer, de vous appeler plutôt que d'appeler un médecin, si elle a les bons réflexes, si elle garde son calme…

Quel bébé idéal voudriez-vous avoir ?

Elle répond :

- Un bébé qui rigole tout le temps.
  (Mmm… Elle peut avoir peur des pleurs)
- Un bébé obéissant.
  (vous pouvez craindre une folle de discipline : c'est inadapté à un bébé)
- Un bébé en bonne santé, heureux.
  (pas mal comme réponse)
- Un bébé curieux de tout.
  (embauchez-la sur le champ !)

Dernier petit test :

N'hésitez pas à laisser votre enfant quelques minutes seul avec la nounou (en restant à proximité bien sûr, le temps d'aller préparer un thé ou un café par exemple) et observez leurs réactions à tous les deux. C'est le meilleur indicateur pour la suite de leur relation ! Étant donné que les candidates au job sont souvent rompues à l'entretien, l'observation vous en apprendra parfois davantage sur elle que des questions.

Dodo, l'enfant do

Petit rituel de rendormissement

- Sur votre lit, en position couchée sur le dos. Relâchez mâchoires et paupières.
- Pendant quelques instants, prenez conscience de votre position, pieds à l'abandon (à 10 h 10 !) et mains relâchées.
- Sentez les principaux points d'appui de votre corps : talons, mollets, cuisses, fesses, dos, tête, bras, mains.
- Reprenez plusieurs fois avec la sensation de vous alourdir, de vous « mouler » dans le matelas.
- Attachez-vous à votre respiration par le nez, en insistant sur l'expiration qui doit être deux à trois fois plus longue que l'inspiration.
- Si des pensées parasites surgissent, ne vous en inquiétez pas. Laissez passer et ramenez l'attention sur le souffle.

Zzzzzzzzz

Voici une série de moutons à compter et à colorier
pour vous aider à vous rendormir lorsque bébé interrompt vos nuits.

Trouvez le bon lit

Parmi ces trois lits, **quel le « bon »**, le plus sécurisé, le plus adapté ?

N'oubliez pas de cocher les erreurs que vous constatez sur les autres lits.

B

C

Couche coach

Remettez les illustrations dans le bon ordre pour évaluer si vous êtes capable de changer sa couche les yeux fermés.

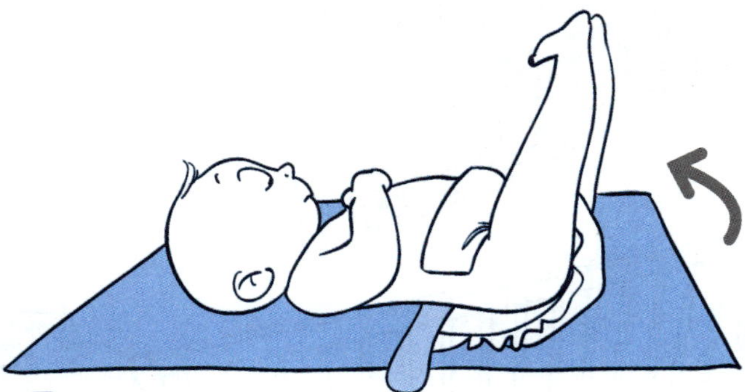

A

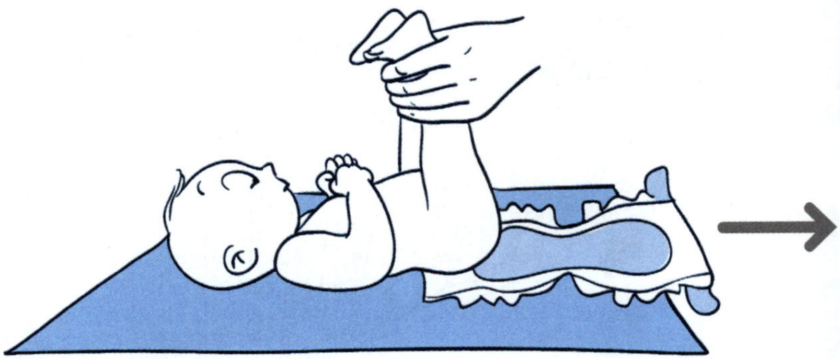

B

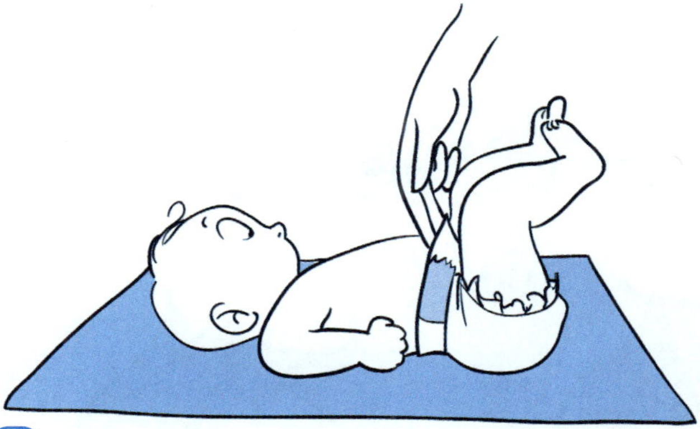

C

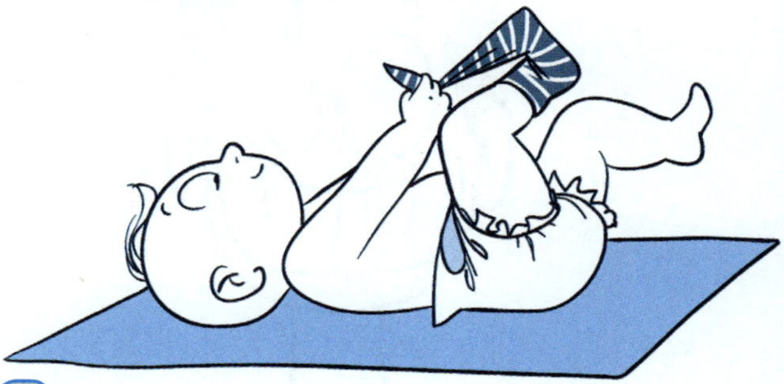

D

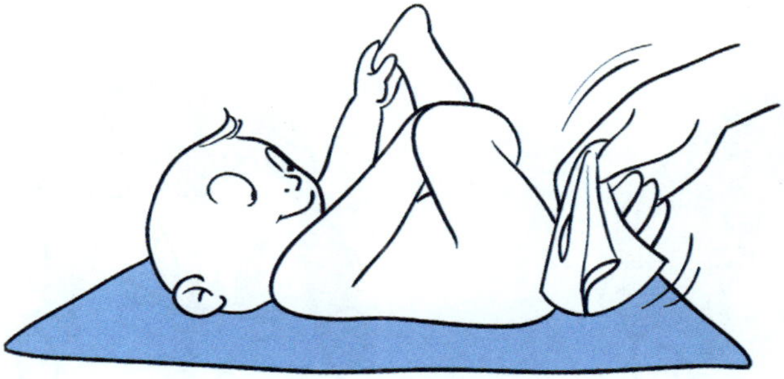

E

Cheeeeeeese !

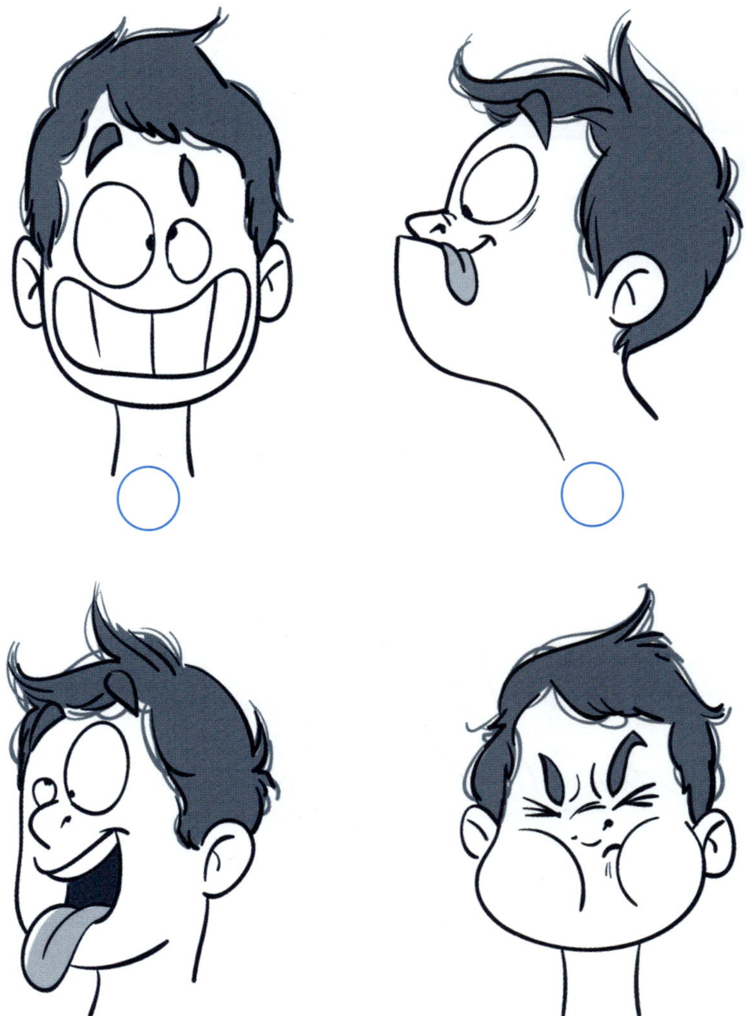

Classez de 1 (la plus drôle) à 8 vos grimaces préférées
pour faire rire votre bébé à tous les coups –
et éventuellement votre compagne !

Souvenirs, souvenirs

Inscrivez ici vos meilleurs souvenirs, ces petits bonheurs qui font toute la saveur de la paternité – et qu'on a parfois tendance à oublier avec le temps.

Dans la salle de travail...

....

....

....

À la maternité...

....

....

....

Au retour à la maison...

....

....

....

Le premier biberon...

. . . .

. . . .

. . . .

La première couche...

. . . .

. . . .

. . . .

Votre premier bain avec lui...

. . . .

. . . .

. . . .

Au cours des premières nuits (presque) blanches

. . . .

. . . .

. . . .

La première sortie au parc en solo

. . . .

. . . .

. . . .

La première rencontre avec la famille (grands-parents, cousins, etc.)

. . . .

. . . .

. . . .

Check list

Voici la liste des questions à ne pas oublier de poser au pédiatre lors des premiers rendez-vous :

- Que doit contenir la trousse à pharmacie ?
- Quand (et où) peut-on sortir avec le bébé ?
- Les animaux domestiques sont-ils « dangereux » pour le bébé ?
- Comment faut-il l'habiller le matin ? Pour sortir ?
- Faut-il éviter les visites de proches enrhumés ?
- Comment savoir si le bébé n'a plus faim ?
- Quelles sont les vaccinations à effectuer lors du premier mois ?
- Que faire en cas de coliques (maux de ventre qui entraînent des pleurs répétés) ?
- Puis-je utiliser l'eau du robinet pour préparer les biberons ?
- Faut-il contrôler la courbe de poids ?
- ....
- ....
- ....
- ....

Le rendez-vous du 8e jour

Le premier grand rendez-vous médical de votre enfant est effectué le plus souvent par le pédiatre de la maternité, le troisième ou le quatrième jour après sa naissance. Il est considéré comme un « bon de sortie » avant le retour à la maison. Le bébé est pesé, mesuré et examiné sous toutes les coutures, et vous constaterez à quel point ses compétences sont étendues. Si vous sortez de la maternité avant cet examen, le pédiatre, voire votre généraliste, pourra s'en charger aux huit à dix jours de vie du bébé. Cette consultation est prise en charge à 100 % par la Sécurité sociale. Obligatoire, elle conditionne le paiement des prestations familiales.

Bien choisir son pédiatre

- Son cabinet est proche de chez vous : les premiers mois, on passe beaucoup de temps chez lui.
- D'un rendez-vous sur l'autre, il se souvient de vous, du prénom de l'enfant. Il ne dit pas « Il » si c'est « Elle », « Gaëlle » si c'est « Yaël », « Ça va mieux, son ventre ? » s'il a eu une otite.
- Il s'intéresse à votre mode de vie (nombre d'enfants, futur mode de garde du bébé, votre métier, vos horaires).
- Il ne parle pas que des maux et des maladies mais vous raconte l'évolution psychomotrice de votre enfant.
- Il vous donne un rendez-vous rapidement, dans la journée ou les 48 heures au maximum en cas de maladie.
- Il n'hésite pas à vous prendre au téléphone dès que vous avez une inquiétude (sans vous faire de réflexion sur le thème : « C'est encore vous, M. Philippot ! »).

Guide de conversation

Depuis qu'il est arrivé, votre bébé prend beaucoup de place dans votre vie, et c'est bien normal. Mais quand vous voyez vos amis, vous ne parlez que de lui ? Montrez que vous pouvez penser à autre chose, soyez inspiré. Voici une liste de sujets de conversation pour la future soirée entre amis :

- **Le temps qu'il fait**, un bon point de départ. « Si le temps ne changeait pas, la moitié des hommes n'auraient aucun sujet de conversation », Jules Renard.

- **La politique :** commentez les derniers sondages, mais pas par exemple la décision du ministre des Sports de développer la pratique sportive… à l'école. Évitez également d'évoquer l'augmentation de la CSG et des allocations familiales…

- **Le cinéma :** racontez le dernier film que vous avez vu en VOD (sauf s'il s'agit de « Trois Hommes et un Couffin », cela va de soi).

- **L'actualité :** l'idéal est le fait divers dont tout le monde a forcément entendu parler – reprise assurée : un braquage en Corse, la disparition d'un tableau du Louvre, mais évitez de parler du bébé échangé dans une maternité du Périgord !

- **Les gossips :** ah, les commérages, les pages people, les frasques de DSK ou d'un chanteur de rock… ça fonctionne toujours, on s'y jette avec délectation. Les tweets impertinents, le prénom du 6e enfant des « Brangelina ».

La tête de l'emploi

Reliez les points afin de découvrir à quoi ressemble vraiment un « jeune papa du premier mois ».

Grosse fatigue à la maison

Que vous soyez fatigué, c'est bien compréhensible ; et en même temps, votre compagne doit récupérer elle aussi. Pourquoi ne pas prendre en charge le dernier biberon du soir (vers minuit ou 1 h 00 du matin) et celui de 6 ou 7 h 00 du matin ? Cette formule vous permet de vous reposer environ cinq heures d'affilée et votre chérie peut vraiment récupérer le soir et le matin. Autre formule : vous prenez le biberon de 6 h 00 la semaine, et les biberons de la nuit le week-end (en compensation, vous pouvez vous octroyer une petite sieste sympa samedi ou dimanche).

Le coup de mou au bureau ?

Votre patron aura du mal à comprendre que subitement, votre rendement ne soit plus le même… Anticipez et instaurez une franche discussion avec lui pour trouver rapidement un terrain d'entente : proposez-lui un peu de télétravail (si c'est la culture maison évidemment) pour éviter la fatigue du transport, négociez éventuellement une arrivée plus tardive le matin… Surtout, ne remettez pas en cause vos objectifs, proposez à votre employeur une autre façon de les atteindre et un échéancier clair.

Ça ne vous rappelle pas quelqu'un?!?

Plouf, plouf !

Cochez les 4 erreurs que vous apercevez dans cette salle de bains et vous saurez tout ou presque sur l'art du bain de bébé :

L'art du bain

Il est inutile de laver quotidiennement un bébé (tous les 2 ou 3 jours, c'est bien suffisant). En revanche, on peut donner un bain quotidien pour détendre son bébé et ça, à n'importe quelle heure, il faut simplement choisir un moment où vous êtes pleinement disponible, détendu. Un conseil : ne lui donnez jamais un bain juste avant le repas. Il ne profitera pas de ce moment de détente et pleurera pour exprimer sa faim, ce qui risque de vous stresser. Pendant le bain, parlez à votre bébé pour le rassurer et pour échanger et vous verrez que ce moment (riche en échanges) sera aussi zen pour lui que pour vous.

37°

Copie conforme

Collez une photo de votre bébé.

Fléchez chaque zone du visage en indiquant à quel membre de la famille (père, mère, vieille tante...) elle vous fait penser :

1 ....

2 ....

3 ....

4 ....

5 ....

6 ....

1
2
3
4
5
6

10/10

Chaque jour ou presque, il réalise des exploits et vous n'êtes pas peu fier.

Notez les progrès de votre enfant :

Premier sourire

Date : ....

Lieu : ....

Circonstances, anecdote : ....

Il fixe votre visage

Date : ....

Lieu : ....

Circonstances, anecdote : ....

Il tient sa tête quelques secondes

Date : ....

Lieu : ....

Circonstances, anecdote : ....

Première nuit complète

Date : ....

Lieu : ....

Circonstances, anecdote : ....

Il arrive à redresser la tête 3 secondes

Date : ....

Lieu : ....

Circonstances, anecdote : ....

Il peut prendre un objet dans ses mains

Date : ....

Lieu : ....

Circonstances, anecdote : ....

Il commence à vocaliser (areuh, areuh)

Date : ....

Lieu : ....

Circonstances, anecdote : ....

Il joue avec ses mains

Date : ....

Lieu : ....

Circonstances, anecdote : ....

....

Date : ....

Lieu : ....

Circonstances, anecdote : ....

....

Date : ....

Lieu : ....

Circonstances, anecdote : ....

....

Date : ....

Lieu : ....

Circonstances, anecdote : ....

Fier comme un papa

En vadrouille, votre bolide et votre bébé font de vous le plus heureux des hommes et sans aucun doute le plus fier des papas.

Trouvez l'ombre identique à la scène...

A

B

C

Le juste prix

Tirez sur le bon ruban
pour découvrir le vrai prix
du budget couche
pour la première année.
Attention ! Prêt ?

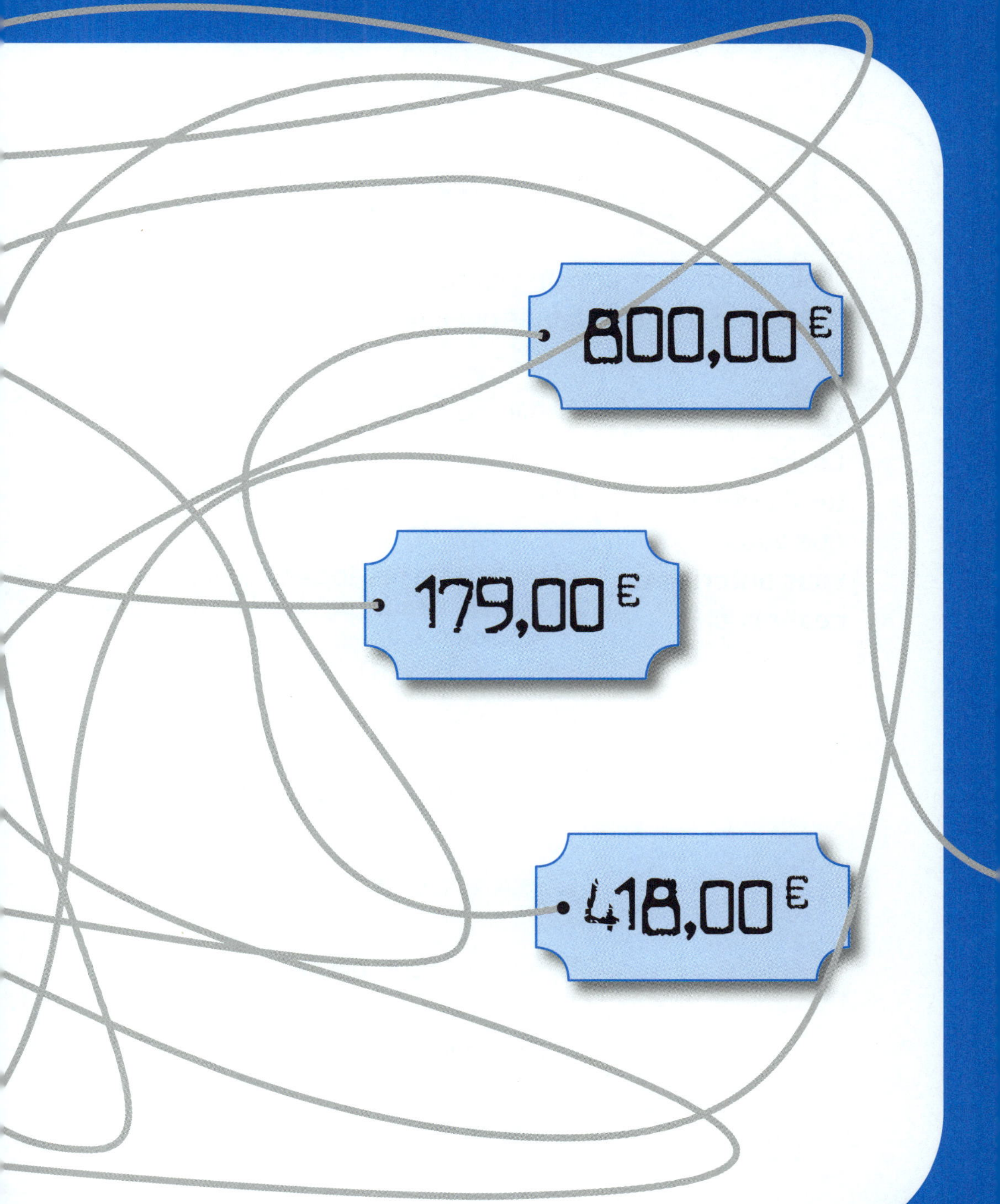
800,00 €
179,00 €
418,00 €

To do list

Voici la liste des principales choses auxquelles vous avez renoncé depuis quelque temps.

Cochez les 2 activités que vous vous autoriserez ce mois-ci :

- ☐ Aller au cinéma
- ☐ Partir en week-end sur un coup de tête
- ☐ Sortir de la maison en ne prenant que vos clés (et pas bébé + sac à langer + biberon + ...)
- ☐ Sortir très tard (plus de minuit)
- ☐ Dormir jusqu'à 10 h 00 samedi matin
- ☐ Faire une sieste
- ☐ Jouer à la console de jeux
- ☐ Lire un livre
- ☐ Lire un livre de plus de 80 pages

- ☐ Avoir des conversations où il n'est question ni de couche, ni de vomi, ni de pipi
- ☐ Faire l'amour
- ☐ Parler sur un ton normal
- ☐ Écouter votre musique préférée (ça change des berceuses !)
- ☐ Aller voir un match de foot au stade
- ☐ ....
- ☐ ....
- ☐ ....
- ☐ ....
- ☐ ....
- ☐ ....

Big zen

Classez par ordre d'efficacité ces gestes susceptibles de calmer votre bébé s'il pleure :

- ◯ Mettre son couffin devant la machine à laver.
- ◯ Mettre son mobile au-dessus de son lit.
- ◯ Monter et descendre par l'ascenseur.
- ◯ Se mettre torse nu et le prendre contre soi.
- ◯ Donner son doigt à téter.
- ◯ Faire un petit mouvement circulaire avec le bout de ses doigts sur son crâne.
- ◯ Lui chanter une chanson douce.
- ◯ Lui proposer un biberon.

Méthode Poué*

Cet enfant, vous l'avez désiré, attendu, rêvé. Mais voilà : vous doutez parfois de votre aptitude à vous en occuper et à l'élever correctement. Vous pensez même parfois être un père pathétique.

Dans vos grands moments de doute, faites vos lignes d'écriture, vous finirez par vous convaincre de ce dont vos proches ne doutent pas !

Je suis le meilleur papa possible pour mon enfant

Je . . . .

Je . . . .

Je . . . .

Je . . . .

Je . . . .

Je . . . .

* Fameuse méthode Coué appliquée à la paternité.

Je . . . .

Je . . . .

Je . . . .

Je . . . .

Je . . . .

Je . . . .

Je . . . .

Je . . . .

Je . . . .

Je . . . .

Je . . . .

Je . . . .

Je . . . .

Je . . . .

Le conte est bon

Lisez cette histoire une fois, deux fois, cent fois, surtout dans les moments de doute :

Dans le royaume de Kerala, le jour de la cérémonie du nâmakarana (moment important durant lequel l'enfant reçoit son prénom), le roi Adarsh convoque les papas du village pour s'assurer de leur « compétence » paternelle.

Les uns après les autres, les pères défilent et montrent au souverain ce qu'ils savent faire. Peu sûr de lui, Govind s'avance avec Ourdou, son nouveau-né dans les bras. Il se soumet aux épreuves : bain, couchage, change… Il n'a ni la technique pour changer le bébé, ni le sang-froid quand viennent les larmes, ni la grosse voix pour gronder le petit d'homme.

À la nuit tombée, le roi rejoint enfin les hommes du village, assemblés autour du feu, et annonce, sentencieux : « j'ai beaucoup observé votre comportement avec vos enfants, votre implication… Govind, viens me rejoindre ! Tu es LE père du village ! »

« Pourquoi m'as-tu choisi ? Je ne m'en sors pas avec ce bébé, il me semble plus compliqué de l'élever que d'aller chasser les tigres à Ranthambore », ose-t-il.

Le roi sourit : « Tu n'es certes pas le plus grand technicien, mais tu n'essaies pas d'être un autre. Tu y mets beaucoup de bonne volonté. Et puis nul autre que toi sera meilleur pour élever ton enfant. Tu ne seras pas le meilleur père de la Terre, mais tu seras assurément le meilleur père de TON enfant ».

Uma, sa femme, l'enlace et l'embrasse au son des sitars.

Solutions

PAGE 8/9 [Drôles d'envies !]

Foie de veau = Fer ;
Chocolat = magnésium et/ou vitamines B ;
Camembert = Calcium ;
Viande rouge = Fer et/ou Protéines ;
Fraises = Vitamines ;
Quiche lorraine = câlin (certaines envies soudaines d'un aliment réconfortant expriment un besoin émotionnel) ;
Éclair = magnésium et/ou vitamines B ;
Madeleine = câlin (énorme).

PAGE 10/11 [Mots croisés]

1/ cordon ; **2/** péridurale ; **3/** forceps ;
4/ siège ; **5/** ventouse ;
A/ placenta ; **B/** monitoring ;
C/ spatules ; **D/** sang.

PAGE 14/15 [Le grand quiz de l'accouchement]

1/ b ; **2/** a ; **3/** b ; **4/** a ; **5/** b ; **6/** c

PAGE 18/19 [Top départ]

1/ Elle vient de perdre les eaux : l'accouchement est imminent, il va commencer dans les douze heures. Il est urgent de partir à la maternité dans les deux heures, en position allongée si possible.

2/ Elle ressent une très forte envie de pousser : dans de rares cas, il est possible de peu ressentir les signes annonciateurs du travail ou de bien supporter les contractions (on ne se rend compte de rien). On ressent alors un besoin urgent de pousser comme si on avait une forte envie d'aller aux toilettes. Il y a alors urgence !

3/ Les contractions se succèdent toutes les 10 minutes : sauf si votre compagne a déjà eu un ou plusieurs enfants, pas la peine de prendre le premier taxi !

4/ Elle a perdu le bouchon muqueux : pas forcément un signe d'urgence. Il peut survenir plusieurs jours avant l'accouchement. En plus, la perte du bouchon muqueux passe souvent inaperçue, car elle se produit quand madame va aux toilettes. Si on perd le bouchon muqueux sans avoir perdu les eaux ou sans ressentir de contractions, le travail n'a pas encore commencé. Pas de panique !

5/ Les mouvements du bébé ont diminué : ça n'y paraît pas, mais c'est un signe annonciateur.

6/ Elle a mal : quelle douleur ? Un « faux travail » (l'utérus s'entraîne pour le grand jour) ne résiste pas à deux armes fatales : un bon bain chaud et un Spasfon. Si après ça, elle ne sent plus rien, c'est que les contractions n'étaient que « préparatoires ».

7/ Les contractions se succèdent toutes les 20 minutes : si ça dure comme ça depuis une ou deux heures, le travail commence (vous avez le temps).

8/ Les contractions sont très régulières : qu'entendez-vous par « régulières » ? Toutes les 30 minutes, c'est régulier. Toutes les 5 minutes, aussi. Mais l'urgence n'est pas la même. La régularité est un signe nécessaire, mais pas suffisant.

9/ Elle nettoie les carreaux de la cuisine avec frénésie : les femmes font parfois ça dans les derniers jours de la grossesse. La frénésie de propreté et de rangement prouve que le nid est fin prêt. Mais ça n'est pas l'heure de partir à la maternité.

Solutions

PAGE 20/21 [Les mots pour le dire]

Phrases à dire : « Je t'aime. » (simplicité et sincérité) ; « Le bébé sera bientôt là, je suis sûr qu'il est magnifique » (faites-lui comprendre l'objectif de tout ça.) ; « Tu fais ça très bien » ; « J'espère que notre enfant te ressemblera ».
Les autres phrases sont plutôt à éviter…

PAGE 26/27 [Objets non identifiés]

1/ b ; **2/** b ; **3/** c ; **4/** c ; **5/** c ; **6/** c

PAGE 32/33 [Trouvez le bon lit]

Le bon lit est le **C** ! Le matelas est parfaitement adapté à la taille du lit ; il est monté sur roulettes (idéal pour bercer bébé !) et dispose d'un frein (quand bébé bougera, ça évitera au lit de se balader dans la chambre !). Sa hauteur est réglable, il n'y a pas de tour de lit, pas d'oreiller (risque d'étouffement). La norme européenne est une garantie de sécurité.

Lit A : Beaucoup trop de peluches (nid à poussière, risque d'étouffement) ; l'oreiller ne sert à rien, trop de couvertures. La norme de sécurité est fantaisiste.

Lit B : un peu trop de peluches (mieux vaut ajouter un mobile) ; le tour de lit peut être dangereux (le bébé peut passer sa tête en dessous). En revanche, la norme NF EN716 est très bien.

PAGE 34/35 [Couche Coach]

D-B-E-A-C

1/ Avant de lui retirer sa couche, pensez à lui retirer ses chaussettes : les bébés ont la mauvaise habitude de recroqueviller leurs jambes et taper du talon sur les fesses (bonjour les chaussettes pleines de caca !).

2/ Tenez fermement les cuisses levées pendant toute l'opération.

3/ Lavez du plus propre (le zizi/zizou) vers le plus sale (les fesses).

4/ (si c'est un garçon) Diriger le zizi vers le bas avant d'empaqueter.

5/ Passer deux doigts entre le ventre et la couche : c'est la preuve que la couche n'est pas trop serrée.

PAGE 46/47 [Plouf, plouf !]

Erreurs : **1/** Le thermomètre de la salle de bains indique 19 °C (il faut entre 22 et 24 °C dans la pièce). **2/** La baignoire remplie à moitié (c'est trop). **3/** Le gant de toilette (un vrai nid à microbes ! La main est l'instrument le plus sûr pour laver votre bébé). **4/** L'eau qui coule pendant que Bébé est dans le bain (risque de l'ébouillanter).

PAGE 52/53 [Fier comme un papa]

A

PAGE 54/55 [Le juste prix]

Un paquet de 50 couches coûte en moyenne 15 €.

Un bébé est changé plus souvent dans les premières semaines : 6 à 7 fois par 24 h (budget moyen : 49 €/mois).

Vers 2 mois, le nombre de changes se réduit progressivement : 4 à 5 couches par 24 h en moyenne (budget : 32 €/mois).

Le budget couches pour la première année est donc égal à : **418 €**

En moyenne, sachez que vous allez utiliser environ 4 200 couches jusqu'à l'entrée de votre enfant en maternelle, pour un budget de près de 1 200 € !